¿Qué pasa con eso?

¿Qué pasa con la basura?

por Charlie W. Sterling

Ideas para padres y maestros

Bullfrog Books permite a los niños practicar la lectura de textos informativos desde el nivel principiante. Las repeticiones, palabras conocidas y descripciones en las imágenes ayudan a los lectores principiantes.

Antes de leer

- **Hablen acerca de las fotografías. ¿Qué representan para ellos?**

- **Consulten juntos el glosario de las fotografías. Lean las palabras y hablen de ellas.**

Durante la lectura

- **Hojeen el libro y observen las fotografías. Deje que el niño haga preguntas. Muestre las descripciones en las imágenes.**

- **Léale el libro al niño o deje que él o ella lo lea independientemente.**

Después de leer

- **Anime al niño para que piense más. Pregúntele: Creamos mucha basura cada día. ¿Alguna vez te has preguntado qué pasa con la basura?**

Bullfrog Books are published by Jump!
5357 Penn Avenue South
Minneapolis, MN 55419
www.jumplibrary.com

Library of Congress Cataloging-in-Publication Data

Names: Sterling, Charlie W., author.
Title: ¿Qué pasa con la basura? / por Charlie W. Sterling.
Other titles: Where does garbage go?. Spanish
Description: Minneapolis, MN: Jump!, Inc., [2021]
Series: ¿Qué pasa con eso? | Includes index.
Audience: Ages 5–8 | Audience: Grades K–1
Identifiers: LCCN 2020017735 (print)
LCCN 2020017736 (ebook)
ISBN 9781645275923 (hardcover)
ISBN 9781645275930 (paperback)
ISBN 9781645275947 (ebook)
Subjects: LCSH: Refuse and refuse disposal—Juvenile literature.
Classification: LCC TD792 .S7418 2021 (print)
LCC TD792 (ebook) | DDC 628.4/45—dc23

Editor: Jenna Gleisner
Designer: Molly Ballanger
Translator: Annette Granat

Photo Credits: Pavel Kubarkov/Shutterstock, cover (left); I'm friday/Shutterstock, cover (right); AtlastStudio/iStock, 1; tinnapong/iStock, 3; sianc/iStock, 4; Josep Curto/Shutterstock, 5, 22tl; Stock Connection Blue/Alamy, 6; nycshooter/iStock, 7; Chalermpon Poungpeth/Dreamstime, 8–9, 22tr, 23tl; Feng Yu/Shutterstock, 10; Andreysha/Dreamstime, 10–11, 22br; Andrey Metelev/Dreamstime, 12; Dalibor Danilovic/Shutterstock, 13, 22bm; vchal/Shutterstock, 14–15, 23tr; Ilstock/Dreamstime, 16–17, 22bl; ewg3D/iStock, 18–19; JohnnyGreig/iStock, 20–21, 23br; Rawpixel.com/Shutterstock, 23bl; PandaStudio/Shutterstock, 24.

Printed in the United States of America at Corporate Graphics in North Mankato, Minnesota.

This book is dedicated to Evie Kaufman, who asks great questions.

Tabla de contenido

envoltorio

Eva come una merienda.

Le queda el envoltorio.

envoltorio

Éste va en el basurero.

Creamos mucha basura.

¿Qué pasa con ella?

Primero, la sacamos.

Los cubos de basura la contienen.

cubo de basura

contenedor
de basura

Los contenedores
de basura también
la contienen.

camión de
la basura

recolector
de basura

Un recolector viene.

La recoge.

¡Gracias!

Se la lleva para que la clasifiquen.

¿Por qué?

Algunos artículos se pueden reciclar.

artículos reciclables

clasificación
de residuos

Los camiones grandes se llevan el resto de la basura.

¿Adónde?

¡A un vertedero!

vertedero

La tiran.

¡Guau!

¡Cuánta basura!

¡Qué asco!

La aplastan.

¿Por qué?

Esto crea espacio para más.

La basura es mala
para la Tierra.

Podemos crear menos.

¿Cómo?

¡Reutilizamos!

¡Qué bien!

lonchera reutilizable

botella reutilizable

Lo que pasa con la basura

¿Qué pasa con la basura después de que deja tu hogar? ¡Echa un vistazo!

1. Tiramos la basura.

2. La colocamos afuera. Un recolector de basura viene a recogerla.

5. Se aplasta la basura para crear espacio para más.

4. Se tira la basura en un vertedero.

3. Las cosas que se pueden reciclar se clasifican en una planta de transferencia de residuos.

Glosario de fotografías

artículos reciclables
Cosas usadas, como vidrio, plástico, papel y aluminio, enviadas para ser convertidas en nuevas cosas.

recolector
Alguien que tiene la tarea de recoger la basura y entregarla para que la clasifiquen.

reutilzar
Utilizar otra vez.

vertedero
Un área grande donde se tira la basura que se cubre con tierra.

Índice

Para aprender más

FACT SURFER

Aprender más es tan fácil como contar de 1 a 3.

❶ Visita www.factsurfer.com

❷ Escribe "¿Quépasaconlabasura?"
   en la caja de búsqueda.

❸ Elige tu libro para ver una lista de sitios web.